DERIVA

adriana lisboa

fotos **david lupton**

ao Paulo

Y sizigias y eclipses puedo nombrar,
y mareas que dejen al descubierto
los naufragios antiguos.

Rosalba Campra

11	Espelho meu
12	Estrelas
13	Vau
15	*Começa o dia ou termina?*
16	Meu amigo
17	Pouco
18	Ordens do patrão
19	Tarefa
21	Palpite
22	Alpine, Texas
23	Martina e Valter de visita
25	*Esfumaçar bordas*
26	Dissolução
27	Como cortar relações
28	Enunciar o mundo
29	Desmapa
30	West End Blues
31	Passeio completo
32	Ano velho
33	Ano novo
35	*Come closer*

36 Mais dois poemas com John Cage
38 Quarteto extraído do *Autobiographical Statement* de John Cage
42 Inaction Is an Action
43 Três canções
46 Jazz-band
47 Teatro de sombras
48 O louco
49 Velho varrendo a calçada em Havana
50 Tudo passa
51 O que fica para trás
52 Raiz
53 Migrantes
54 Horizonte
55 Aotearoa
57 Queimar navios
58 Ilha
59 Deriva
60 Ultima Thule
61 Templo zen-budista
62 Pedra no fundo do oceano
63 Bagatelas
64 A um amigo que espera
66 Nota | Algumas referências
69 Posfácio: O não-silêncio, o nada, o eu/não-eu na ventura contemporânea do ir e vir
75 Sobre a autora

ESPELHO MEU

Não sei de quem a marca
que embaça o espelho
essa cicatriz em formato de mão
essa intromissão essa gafe não sei
quem espalmou ali
seu traço

não sei de quem a mão
fantasma que esfuma
o meu rosto o meu tempo o reflexo
que me habituei
a confirmar aqui
não sei quem plantou
na minha cara uma outra
biografia

      não sei ao certo
mas desconfio
que essa neblina
no espelho
seja eu.

ESTRELAS

para Juliana Leite

Sobre estrelas quase nada
sei

o sem-tempo delas
nesse desbarrancado do mundo
no olho desse
céu poço fundo

sob estrelas quase nada
sou

o que sobra delas
nesse sumidouro tão fundo
no olho d'água desse
espelho mundo.

VAU

para Rafael Gallo

É pelo vau que se atravessa
o rio
exatamente ali onde o rio
é menos rio
ali onde ele fraqueja
arrisca correr a um palmo
do chão
é pelo vau que se entende
o rio
que se percebe que ele não
é sempre
corredeira e fundo
é pelo vau que se ganha o rio
     e no entanto
o que é o vau se não o mesmo
rio
água afluxo tempo

– às vezes a gente se dá conta
de que é pelo rio
que se atravessa o vau.

Começa o dia ou termina?
A que distância estou de mim e quando
finalmente completo
este projeto de conquista –
eu
não eu?

MEU AMIGO

Meu amigo às vezes se diz vencido
ilhado
endividado
aflito
taciturno
furioso
acossado

prende a respiração
sem saber que país o nosso
     ou quando
     ou como

mas ainda assim
sai à rua
e o mundo se dobra
aos dentes explícitos que ele arrisca
por baixo do veludo do batom.

POUCO

para Claudia Roquette-Pinto, em outubro de 2018

Espero não estar sendo cacete
como dizia o seu avô
noutros tempos   mas o tempo
é um conceito tão desconjuntado – anda
para a frente? vai não vai? é só
    este estacionamento?
um concreto tão abstrato
músculo que estirei   e dói
pedaço de pele lanhada   (a lista poderia seguir:
    com enumerar as coisas parece
que tentamos
içar lógica na cara do caos)

e que duros estes dias
que chumbos que estúpidos

espero não estar sendo cacete
como dizia o seu avô
    o tempo que foi e volta (história
mordendo o próprio rabo) é um
abstrato tão concreto
e o meu voto   o meu ex-voto
em que urna em que civismo encaixá-lo
em que cidadania entender-me
em que terra crestada arar-me?

aos meus amigos que se desesperam e aos
    outros que preferem não   ler o jornal:
espero não estar sendo cacete
espero não estar sendo burra
espero não estar sendo pouco.

ORDENS DO PATRÃO

Tempos fechados   calcários
tempos de trens atrasados
de plágio de sono mal-dormido
de bocas escancaradas de verbos escancarados
de títulos obscenos
(mas como renegar nossos
pés descalços?)

tempos
de dor de dízimo   tempos
que uns tantos contemplam
como se nada
como se numa sala de cinema

mas por isso mesmo:
tempos de meter as mãos
no bojo da terra mais preta mais podre arrancar
dali a insurreição de um pé de fruta
de um   vivo
            tempos
de descumprir as ordens do patrão.

TAREFA

Habitar uns versos
a que não falte um estranho
    – o grão de sal e mostarda
um grau de atrito   detrito
dissenso

mas que as palavras sejam
ainda assim da família
desse sol enviesado sobre as folhas
palavras
quem sabe antilhanas
desta cor com que a luz
engraxa o gramado

umas palavras   válidas por hoje
para acalantar os mortos
e deixar em paz os vivos
seus vícios
seu deus.

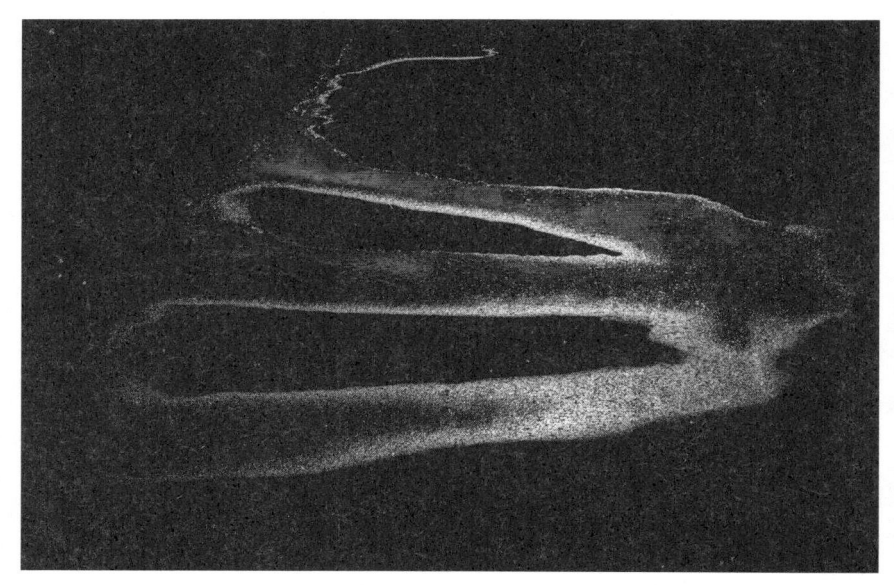

PALPITE

Diante do poema
engasgado neste pulso
o coração não sabe
se o seu palpite
vale um verso
ou se é mero sofisma
ou se afinal de contas
o vivo é que é o verbo
    sugerido
de antemão.

ALPINE, TEXAS

Meu corpo e o seu
à deriva
no sono
num quarto de hotel
em dois cantos da cama
por demais king size
para nossa carnadura   digamos
plebeian size

mas basta esticar o braço

basta esticar o braço e
alcançar o seu corpo   este
que há mais de uma década
encontro
no fundo da noite
que habitamos
em qualquer Alpine, Texas
em qualquer lugar.

MARTINA E VALTER DE VISITA

Entre as mãos a blusa
de malha   barra de renda
recém-lavada

que ele dobra distraído
e arruma na mala aos poucos
pejando-se
dela

o evento desta tarde
o refúgio deste mundo
o arrimo desse amor.

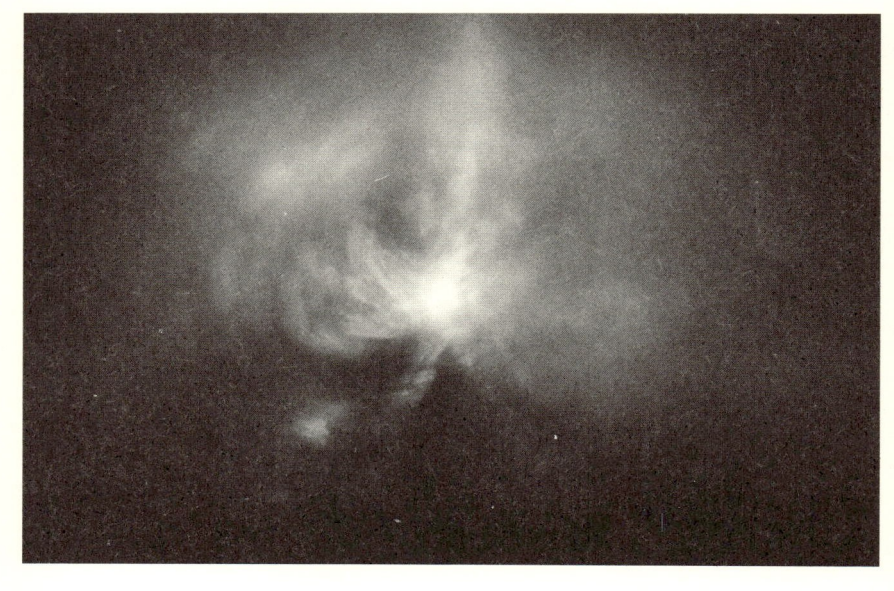

Esfumaçar bordas
destituir centros
incendiar matrizes
    um instante de indulto:

estar só no mundo.

DISSOLUÇÃO

Não importa se nada
existe para além deste sol de inverno
lustrando a pele
escovando as roupas
por um instante
é feriado o desemprego
e o degredo um paraíso
por um sacudir
de folhagens o vento indica
que qualquer
pouco é quase tudo
– abençoada esta
  falência   este desfalque
     esta dissolução.

COMO CORTAR RELAÇÕES

Às vezes tesoura cega basta
noutros casos é preciso usar os dentes
o fio de uma peixeira a minúcia
de um canivete suíço
às vezes a substância é tão frágil que
com a ideia de um corte se desmancha
noutros casos há que cortar os mares
e ainda assim teima o corte (ilha) em cicatrizar
    às vezes
é como cortar dois pedaços
de linha cortar as despesas
cortar caminho
cortar o pão
mas às vezes é como abrir um talho
no próprio corpo e a cura do corte
é um corte sem cura
    – nesses casos
vá em frente   tente
corte o mal pela raiz
e verá que a raiz revive
descrente da autoridade
da sua lâmina cega
da sua inepta pá de cal.

ENUNCIAR O MUNDO

Vestir a tua pele
em dias de frio
usar as tuas mãos
para abrir a porta quando
a boa sorte se aproxima da soleira
    convidá-la
a entrar
ouvir a cidade por trás
da surpresa dos teus ouvidos
tentar as mesmas palavras
    firmar
contrato com o lume de um instante
    este instante
        (passado a limpo)
medir com os teus olhos
o desvio dos meus versos
o traçado dos meus passos
despir-te da minha pele
em dias de calor
e enunciar o mundo.

DESMAPA

Por um tempo
habitar um não-tempo
(o que ainda há a mapear?
e que interesse há   convenhamos
em saber que chão é este?)

por um instante
não tentar desatar estes
nós   cegos
os meus (ou serão os teus?) dedos
no emaranhado do acaso
numa dobra de um tempo-não.

WEST END BLUES

Não importa
o quão vedada a casa
às vezes um dedo de ar frio
esgarça o abrigo da noite
acha uma fresta uma falha
entende que por baixo
da porta que pelo
caixilho da janela

então vai roçando os cantos
trepando pelas beiradas
da cama metendo-se
entre a coberta
e você

desperta no escuro
e talvez se pergunte
por uma fração de segundo
por uma vida encolhida
por uma noite a vencer
por que falhas partir
por que frestas
ficar.

PASSEIO COMPLETO

Não pense que as contas
foram todas
acertadas
e o saldo – positivo – é
esse paletó de veludo
da idade
que você agora traja
com essa elegância
de passeio completo

o estado de adulto é o ponto
fora da reta   da vida
compramos fiado a promessa
encorpamos
engrossamos
mas crescer não acaba nunca
(haja bandeide para tanto
joelho roto)

lembre-se de não
jogar fora
o documento falsificado de identidade
que servia para burlar os fiscais –
    viver é estar
quase sempre na fila errada
e invariavelmente um passo
atrás
dos seus próprios pés.

ANO VELHO

Estou cansada e nada
disto me pertence

esta mão e seus naipes
este mar e seus desertos
os riscos dos meus traços dos meus vícios
de linguagem das palavras que
erro com que
embirro
um silêncio agudo a desafinar
tanto verbo
a bancarrota dos sentidos

estou cansada e só
    o meu cansaço me pertence.

ANO NOVO

Tampouco isto me pertence mas então o quê
mas então que raso que rota que rum
que rumba que onda que rechaço
que mar endiabrado que orixá eriçado
que rumo que passo que crença

a não ser esta dos dois rapazes
que se beijam ao meu lado?

Come closer   let me touch you
I think your bones must be like the skin of someone I love too much
give me your body   let me dig my hands
into your earth entrails   let me feel your
muscles made of loss   made of past
made of moss   made of grass.

MAIS DOIS POEMAS COM JOHN CAGE

1

Roçar o arco sutilmente
sobre as cordas da viola roçar
o mínimo roçar
o suficiente
para produzir um som
      quase não produzir um som
deixar que ele exista num espaço
ínfimo
à beira do fracasso
sugerir um som – uma única
nota sustentada lá
bemol
sustentá-la no tempo
por um tempo   onda
depois deixar que seque   areia

este som sem adjetivos este som
que existe em meus ouvidos   pergunta:
se eu tapar os ouvidos
o que acontece com o som?

2

Um aplicativo chamado *4'33"*
permite gravar versões
da composição de John Cage
    silêncio ruídos aleatórios
e compartilhá-las com usuários de todo o mundo

alfinetes marcam no mapa
as centenas de versões disponíveis
    Avenida Maipu em Ushuaia
    Calle 22 de Agosto na Cidade do México
    Parque Nacional de l'Akagera em Ruanda
    Café Al Cornich em Muscat
    Parque Manukau em Auckland

fui gravar: celular na janela
e a cidade que
    para
um sino que soa
às cinco uma motocicleta
que acelera o vento
se enfiando por entre as folhas das árvores
os pássaros da primavera e
uma chuva que dura   não mais
do que trinta e três
segundos

    Soi Sermsuk em Chiang Mai
    Granliveien à beira do mar da Noruega
    Wentworth Street
        em Winnipeg.

QUARTETO EXTRAÍDO DO *AUTOBIOGRAPHICAL STATEMENT* DE JOHN CAGE

In the late forties I found
out by experiment (I went into the
anechoic chamber
at Harvard University) that silence is
not acoustic it is a change
of mind
a turning around

I devoted my music to it
my work became an exploration
of non-intention

to carry it out faithfully I have
developed a complicated composing means
using I Ching
chance operations

making my responsibility that
of asking questions instead of making
choices.

*In the late forties I
out by experiment (I went into the
anechoic
    Harvard University) silence is
not acoustic it is
    mind
turning around*

*I   my music
my work   an exploration
    non-intention*

*   faithfully I have
developed a   composing means
using I Ching
chance*

*   my responsibility
    asking questions instead of making
choices.*

In the late
     experiment (I
anechoic
)   silence
       is
     mind
              around

I   music
     work   exploration

       faithfully
developed

chance
       responsibility
     asking   instead of making
choices.

experiment

        silence

  mind
    around

   music

chance

   asking
choices.

INACTION IS AN ACTION

com Jon Irabagon

Vem a melodia e passa
o que é ruído e o que não?
como desmontar
este instrumento   água fogo
como redescobrir
este instrumento   terra ar
um saxofone sopranino (solo)
numa noite de chuva
numa beira de palco
de uma cidade inaugural?

tenho todos os truques (solos) sob
as pontas dos dedos
mas se você aguçar os sentidos
perceberá que é assim que
se cria o mundo: tendo o som
como princípio
(e no princípio
era o som).

TRÊS CANÇÕES

1

Eu te darei o céu   meu bem
(o paraquedas
é por sua conta)

2

Volver a los diecisiete
después de vivir un siglo
acho que de todos os feitos
e desfeitos alteraria
somente a pressa
      essa
que com a soma dos anos
vai se domando em remanso
      esse
que a los diecisiete
parecia tão na contramão.

3
O tudo que se tem não
     representa
tudo

do que se apresenta
     o nada que se tem
é o puro conteúdo
a cura   consideração
o todo do nada:
a melodia
o ia
o ão.

JAZZ-BAND

Sábado de carnaval
e sinto como ninguém
o ritmo do jazz-band

queria a pureza
dessa alegria (o vau do mundo)
atravessar estes dias
no ritmo do jazz-band

não precisava ser retumbante
baile etílico
bastava que fosse
só isto:
minha mãe a me tomar nos braços
    a dançar comigo
ao ritmo do jazz-band.

TEATRO DE SOMBRAS

Sei que do lado de dentro da caverna são sombras
mas como botar fé
nessa marcha militar que
retumba lá fora
como acreditar no deus das coisas explícitas
meter a mão entre as pernas
abertas disso que andam me vendendo
como real?

tome aqui uma sombra ou duas
seu Platão
e com elas improvisemos uma peça
feito aquelas das marionetes da Índia ou do Camboja
e vejamos se os mitos da caverna
nos ajudam a ler as entrelinhas
da pornografia do jornal.

O LOUCO

Nada
na vida
mais plano
mais pleno
    que este
nada
o zero entendido pela primeira vez
pelo maia – ou terá sido
pelo babilônio ou pelo hindu?
    (não importa: ando pelo mundo sóbrio
    de tão bêbado)
nada espaço   círculo
plenilúnio onde cabe tudo
e onde
não falta nada
a ventura deste ir e vir
nada mais
nada vezes   nada.

VELHO VARRENDO A CALÇADA EM HAVANA

para Mari Jong

O chiado da palha da vassoura
e os ruídos de fundo   um motor
de ônibus ao longe um cachorro um espirro
      que importam somente para sagrar
solista
ator principal
o velho que varre a calçada
rachada tranquila em Havana
nesta manhã em que nada
se dissipa em metáfora.

TUDO PASSA

Pois então é mesmo verdade o clichê
    tudo passa
passa o ônibus gordo de turistas
passa enrodilhado o vento que vem do mar
passa o cachorro mancando de uma pata
passa o pincel na parede da escola o rapaz
trepado na escada
meio cai-não-cai
nesta esquina onde já vimos passar tanta água
passa outra manhã veja você   duas horas já
passa despercebido o que não
está na lista do poema
como também
passamos e quase sem querer
cumprimos à risca o refrão
que nos cabe no clichê.

O QUE FICA PARA TRÁS

O que fica para trás
não é um hábito um círculo
de amizades não é a música
do amolador de facas
nem o cheiro do mar em dia de ressaca
nem o guincho amoroso
do último bonde

fica um tempo
o que existimos nesse tempo
    descontínuo
e não se trata de querer voltar
ou de nunca ter saído

trata-se do esforço
de recordar dia
após dia que a vida
se faz de improviso
e que partir   sempre
    é outra maneira
de ficar.

RAIZ

O subterrâneo da raiz
é onde se trama a revolução do fruto
mas agora há que
improvisá-lo com outros recursos –

extraí-lo
do ar pensá-lo com força torcer
para que o pensamento vingue

calcar os pés
na pátria dos outros   errar
a fala dos outros   calar
a língua dos outros
demonstrar sorrisos mesmo quando
é surda e muda a piada

contemplar-se neles   então
    passa a ser o credo
e contemplá-los em si
    quem sabe o lance
de sorte – o futuro
de madureza do fruto.

MIGRANTES

> *Y el extranjero es siempre un sospechoso.*
> Octavio Paz

Deixam a casa
levam na mala o idioma natal
    por necessidade ou hábito
como um documento de identidade
a comprovar
que são aquilo que deixam
e por inferência que deixam
aquilo que são

mas agora desancorados já não sabem
em idioma algum o que deixam
nem o que são
nem o que somam
nesta viagem que é um longo
e lento aprender a flexionar
sinais de subtração.

HORIZONTE

Chego de visita aprecio o carinho
da recepção entendo que é muito esse
chão varrido para que eu possa
marcar nele a minha passagem
a maçaneta limpa da porta
para que eu possa manchar ali
a minha mão
entendo que tudo é propício
    e está condenado
feito casas de uma cidade-fantasma
entendo que é zona neutra
este dia de visita este dia de
horizonte perdido debaixo da chuva
mas não é preciso deter os céus
no azul nem os relógios no meio-dia
somos um outro
    mesmo
    neste brinde
e lá vai garganta abaixo o último gole
– à vida que eu não trouxe pela mão
à vida que não veio de visita
a uma vida juntos que já fez as malas
e foi tentar a sorte em outro lugar.

AOTEAROA

Penduradas numa quina
do mapa mundi entretidas
a mirar uma Austrália
e uma Antártida
é outro o tempo destas ilhas
outro o agudo do seu silêncio
o assombro   da sua luz
chega-se aqui não se sabe como diz-se
Nova
Zelândia   escava-se um porto rente
ao Mar da Tasmânia
viaja-se numa crista de onda
pelo Pacífico Sul
e à noite o corpo se dá
à terra fria
sob um braço de galáxia
sem no entanto se sobre-exaltar: fica a húbris
para um outro
lugar e momento
    estas ilhas cedo te descalçam –
    o comprido dos seus espaços
o largo dos seus silêncios
a crista
    da sua luz.

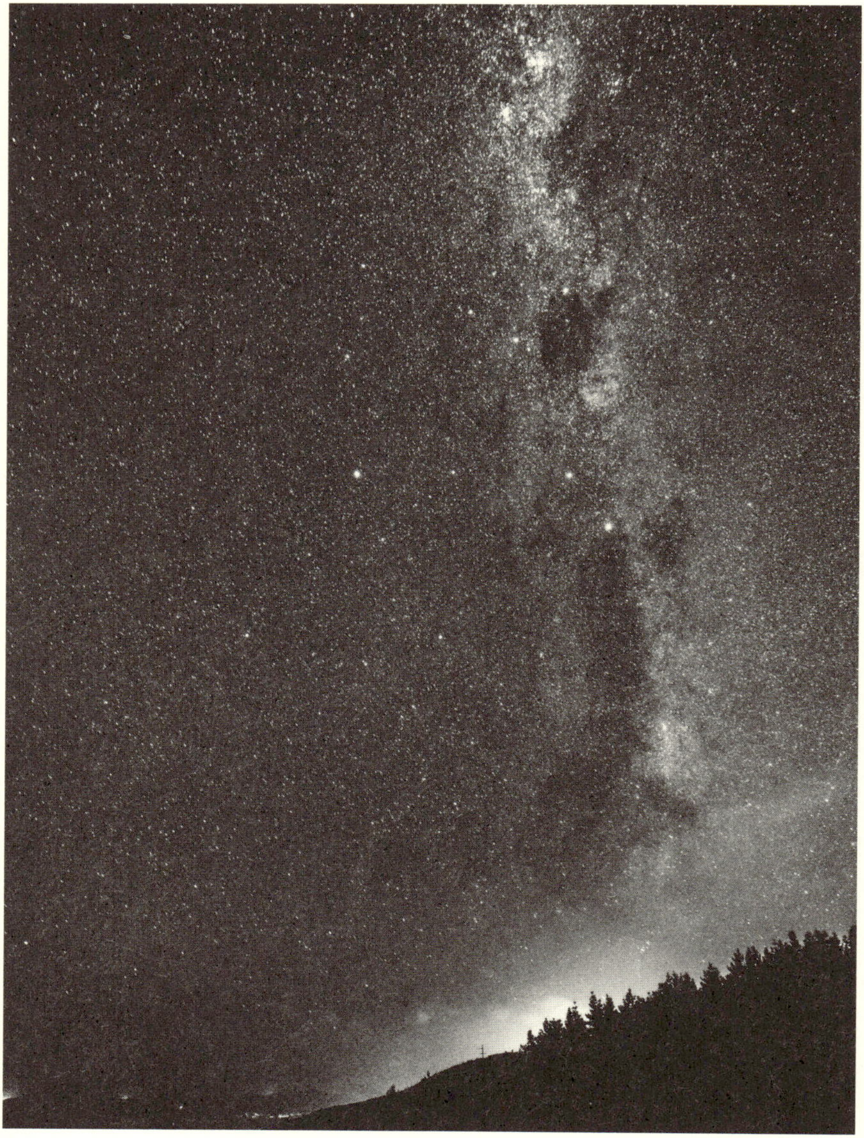

QUEIMAR NAVIOS

Âncora unhada no chão
linha de vida tão frágil
o zênite
    falso
o costado
que mal vê sentido
na flutuação
uma tocha acesa
um archote uma vela

queimar navios
não ao modo do grego
em Cartago (vencer
ou morrer) mas como
quem finca os pés
na proa de um novo mundo
e arde por si
só.

ILHA

Uma ilha se define pelas águas
que a circundam
todo
à parte
da parte

tempo de estio
     ilha
     em que me arriscasse
resto de eflúvio
     margem
     em que me bastasse
rito de pedra
     sono
     em que suprimisse
o que mais não fosse água
ao redor da ilha

ilha: coágulo
da água.

DERIVA

Longas eras geológicas de espera
até este aqui   agora
tanta américa
tanta revolução
por um grama de paz
tanto oceano
por um dia de enseada
tanta palavra magra
para enganar a fome   tanta
    deriva
para tocar com o dedo
uma linha de chegada
um porto entre duas clavículas
    tanta morte iludida
pela ilusão de uma praia
por um avesso de oásis
na enormidade deste mar sertão.

ULTIMA THULE

Há uma *Ultima Thule*
para lá dos confins
do mundo conhecido
ilha medieval em cuja costa
nadam baleias míticas e
fabulosos monstros com patas de dragão
ilha temida e desejada
no mapa sonhado
por um cartógrafo escandinavo no exílio
o que não se sabe   o que não se vê
essa neblina
esse norte maior
que nós

para nós
este sul onde
a neblina se esgarça e se dissipa
uma *Ultima Thule* às avessas
no mapa traçado por quem nada tem
de cartógrafo de escandinavo   ilha
meridional em cuja costa
naufragamos como quem ancora
e não importa onde fiquem
os confins do mundo conhecido
nem por onde se cai da Terra
    contanto que
sonhem-se   aqui   baleias míticas
e fabulosos monstros
com patas de dragão.

TEMPLO ZEN-BUDISTA

Indiferente ao silêncio
o corpo faz toda sorte
de ruídos interessantes – barriga
garganta pulmões

os carros passam sem raiva lá fora
e os pássaros cantam sem receber donativos

disfarçado de estatueta
um Buda abençoa os nossos sapatos.

PEDRA NO FUNDO DO OCEANO

Todas as respostas
às grandes questões da vida são
simples
e já estão dadas de antemão
    suponha   que lhe proponham
um enigma: *apanhar uma pedra no fundo do oceano*
sem molhar as mãos

talvez você não   queira
não veja sentido   não tenha
tempo para essas coisas
    talvez você tenha de fato atirado
uma pedra no oceano
e agora se arrependa e queira recuperá-la
talvez lhe interesse enrodilhar a cabeça
em torno de perguntas sem sentido
    em torno
        das únicas perguntas que fazem sentido

talvez você conclua
que para apanhar uma pedra
no fundo do oceano
sem molhar as mãos
    só o que precisa fazer
é exatamente isso.

BAGATELAS

A viagem foi longa
a vida foi longa
a última noite foi longa (boa bebida e
    uma banheira morna)

os tempos cobraram seu dízimo
houve amantes invulgares
ira certeira farto senso de humor
silêncios rigorosos
    rios fontes tributários
bebedeiras com que ninguém
a princípio se importava muito (até que)

a viagem foi breve
houve sombra e houve luz
a última noite foi breve

mas no salto de um instante
já não importavam

frente ao vulto da vida (infinita)
essas bagatelas
de obituário.

A UM AMIGO QUE ESPERA

O fato de ser tudo
vazio em mim
e de que nem
de uma sombra de átomo desfeito se possa afirmar
    que é isso e não outra coisa

o fato de encontrar-me empoleirada
num mundo que tende à ruína
por quanto o temos sabotado por
quanto andamos corroendo os céus
e dizimando o vivo

o fato de as palavras
falarem por si e pelos cotovelos
    (basta abrir
       a porteira à sua fúria dicionária e concreta)

nada disso me exime
de reconhecer a firma dos meus passos
    estes mesmos que vão pelo bairro
    pela grande avenida
enquanto um anjo esmolambado finca em mim
dois olhos de adaga

deram-me um nome   um teto até
barganhei por aí meia dúzia de versos
exerci a insuficiência de tantas maneiras
no encalço sempre do que sempre recua (donde
as metáforas)

que tudo seja fogo
-fátuo   e o sol
uma estrela indiferente

que eu esteja desaprendendo até
a timidez (por concluir que
também é imodesta)

nada disso me exime
da enchente do instante
sair à praça contra o intolerável
limpar o mato que ameaça as gérberas
aguardar alguns segundos
      antes
de derramar a água recém-fervida
sobre o pó do café

servir o café
a um amigo que espera

NOTA

Agradeço à revista *Helena,* da Biblioteca Pública do Paraná, pela publicação dos poemas "Vau," "Desmapa," "Velho varrendo a calçada em Havana," "Palpite" "Tudo passa," e "Ano novo." O poema "Deriva" saiu em *Equator,* coletânea de poemas meus traduzidos ao inglês por Alison Entrekin publicada na Índia em 2019 (Ed. Poetrywala).

Agradeço ao fotógrafo neozelandês David Lupton, por compartilhar suas imagens. David é autor de "Between Rivers: The Manawatu", entre outros trabalhos, e editor da Haunui Press.

ALGUMAS REFERÊNCIAS

"Três canções" – Roberto Carlos e Erasmo Carlos ("Eu te darei o céu"), Violeta Parra ("Volver a los diecisiete"), Luiz Melodia ("Congênito").

"Jazz band" – Manuel Bandeira (o poema "Não sei dançar") e Guimarães Rosa (em *Grande Sertão: Veredas*: "o vau do mundo é a alegria").

"Tarefa" – o "grão de sal e mostarda" e o "dissenso" vêm de uma passagem de "Zinco", de *A tabela periódica,* de Primo Levi ("Para que a roda gire, para que a vida viva, são necessárias as impurezas, e as impurezas das impurezas: mesmo com a terra, como se sabe, se se quiser que seja fértil. É preciso o dissenso, o grão de sal e de mostarda: o fascismo não os quer, os proíbe, e por isso não és fascista; quer todos iguais e não és igual").

"Inaction Is an Action" é o nome de um álbum de 2015 do saxofonista Jon Irabagon.

"Aotearoa" é o nome maōri da Nova Zelândia, país onde morei em 2017, e onde este livro começou a ser escrito.

"*Ultima Thule*" era o nome dado, na geografia medieval, a qualquer local situado para lá das margens do mundo conhecido. A criação do nome é atribuída a um explorador grego que descreveu, no século IV A.C., a existência da remota Ilha de Thule, ao norte da qual o mar se tornava sólido e o sol nunca se punha no verão (não lhe deram ouvidos). Recentemente, o nome *Ultima Thule* foi dado a um pequeno corpo celeste encontrado no cinturão de Kuiper, nos confins do nosso Sistema Solar.

"Bagatelas" foi inspirado na biografia do mestre zen-budista japonês Taizan Maezumi (1931-1995).

A obra de John Cage me fascina desde que assisti por engano, aos quinze anos, a um concerto seu na Sala Cecília Meireles, no Rio de Janeiro. "Mais dois poemas com John Cage (1)" foi escrito após um concerto do conjunto Auricle Chamber dedicado à obra do compositor no Museum of Human Achievement, Austin (EUA), em abril de 2018. Na plateia havia oito pessoas e um gato. O "Autobiographical Statement" de Cage pode ser lido em seu website oficial (www.johncage.org), onde também há mais informações sobre o aplicativo 4'33". Uma tradução aproximada do trecho do "Autobiographical Statement" reproduzido neste livro seria: "No fim dos anos quarenta descobri, através de um experimento (entrei na câmara anecoica da Universidade de Harvard), que o silêncio não é acústico. Ele é uma mudança mental, um 'dar meia-volta'. Devotei minha música a ele. Minha obra se tornou uma exploração da não-intenção. Para levá-la a cabo de modo fiel, desenvolvi um método complicado de composição envolvendo as operações do acaso do *I Ching*, e minha responsabilidade passou a ser formular perguntas em vez de fazer escolhas".

POSFÁCIO
O NÃO-SILÊNCIO, O NADA, O EU/NÃO-EU NA VENTURA CONTEMPORÂNEA DO IR E VIR

Raquel Abi-Sâmara

Uma ilha (uma voz), pendurada numa quina do mapa-múndi, salta. Dali de onde se cai da Terra, no desbarrancado do mundo. Entre o momento em que se abre o paraquedas e o instante em que se atinge o solo, uma medida: deriva. Tempo de deslocamento: 4 minutos e 33 segundos. Trilha sonora: a nota errante do sax sopranino de Jon Irabagon e, ao fundo, o chiado da palha da vassoura, do velho varrendo a calçada em Havana.

Inúmeras são as entradas e saídas pelas veias (vias, vaus, vagas) abertas deste conjunto de poemas de Adriana Lisboa. Uma travessia em que se podem nomear (como sugere a epígrafe de Rosalba Campra) "sizígias e eclipses e marés que deixam a descoberto velhos naufrágios". Uma odisseia às avessas, já que os grandes acontecimentos em *Deriva*, em contraste com os de Homero, podem ser mínimos, magros, "de carnadura digamos *plebeian size*". A voz que salta é uma cicatriz no espelho embaçado da escotilha, um corte (de um continente), uma ilha, um coágulo de água, um caroço na transparência dos signos, um grão de sal e mostarda, um dissenso, um alerta, um protesto (para não dizer que não falei de gérberas em outubro de 2018), um mantra ao encontro do nada, um navio em chamas após uma louca jornada.

O deslocamento no espaço geográfico (e cosmológico) consiste numa das principais categorias metafóricas dessa voz poética. O tempo tem aí menos relevância, é transformado em não-tempo e, em última instância, em tempo-não (como no poema "Desmapa"). Em alguns poemas de *Deriva*, o tempo comparece em *flashes* instantâneos: o tempo que existe e pulsa dentro de um instante. Por vezes esse tempo incorpora circunstâncias, ainda que imprecisas no mapa (ou por demais precisas no desmapa), e sugere em si densidades, como nos versos seguintes: "o tempo é um abstrato tão concreto", "[...] mas o tempo/ é um conceito tão desconjuntado – anda/ para frente? vai não vai? é só/ este estacionamento?" (do poema "Pouco"), "tempos fechados calcários/ tempos de trens atrasados/ [...] tempos/ de dor do dízimo" ("Ordens do patrão"). São *flashes* que parecem definir bem o momento da *terra brasilis* neste ano de 2019: tempos quadrados, avessos às diferenças, às minorias, ao esclarecimento, às luzes. É o tempo de "sair à praça contra o intolerável" ("A um amigo que espera"), de propor a Platão outro teatro de sombras que, na obscuridade da caverna, revele as entrelinhas da pornografia pseudopolítica dos jornais ("Teatro de sombras"). Tempo de dias-chumbo, de pele lanhada, tempo de resistência, assim como o faz "Meu amigo": "ilhado/ endividado/ aflito/ taciturno/ furioso/ acossado/ prende a respiração/ sem saber que país o nosso [...] mas ainda assim/ sai à rua/ e o mundo se dobra/ aos dentes explícitos que ele arrisca/ por baixo do veludo do batom".

A palavra que dá título a este livro de poemas, *deriva*, significa, conforme o dicionário Houaiss, desvio de rota de um navio ou aeronave causado por ventos ou correntes. Outra acepção seria a que mencionamos acima: a medida do desvio (deslocamento) do paraquedas desde o instante em que se abre e o momento em que toca o solo. E, no sentido geofísico, *deriva dos continentes* é uma teoria segundo a qual os continentes seriam constituídos por fragmentos de blocos da crosta terrestre superior boiando sobre o sima. As duas primeiras acepções de deriva condizem com a voz que busca mapear seu lugar de fala num mundo flutuante, nebuloso, o que pode ser lido em versos do poema de abertura, "Espelho meu": "não sei de quem a marca/ que embaça o espelho/ essa cicatriz em formato de mão [...] a mão fantasma que esfuma o meu rosto [...] não sei ao certo/ mas desconfio/ que essa neblina/ no espelho/ seja eu". Outros versos que mostram esse mapeamento: "Começa o dia ou termina?/ A que distância estou de mim e quando/ finalmente completo/ este projeto de conquista – / eu/ não eu?"

O "projeto eu/não-eu" tem afinidades com a declaração autobiográfica de John Cage, transformada num quarteto pela poeta, "Quarteto extraído do *Autobiographical Statement* de John Cage", do qual lemos os seguintes versos: "I devoted my music to it [ao silêncio]/ my work became an exploration/ of non-intention". Cage explora a não-intenção, como vai explicar nas linhas seguintes, ao desenvolver meios complexos de composição usando o I-Ching, oráculo chinês conhecido como Livro das Mutações. Cage inclui o acaso em suas composições e entende que sua responsabilidade é a de fazer perguntas e não escolhas. John Cage era um estudioso e grande admirador do zen-budismo (assim como o é, há muitos anos, Adriana Lisboa). Essa influência da filosofia oriental encontra-se também em outros poemas de *Deriva*, tais como "Templo zen-budista", "Bagatelas", "Pedra no fundo do oceano", "Inaction Is an Action" – o título deste último emprestado do álbum de 2015 do músico Jon Irabagon. No poema "Dissolução", a poeta experimenta em seu olhar (e em sua escuta) uma dissolução do "eu", ou um jogo entre "não-eu" e "eu": "Não importa se nada/ existe para além deste sol de inverno/ lustrando a pele/ escovando as roupas /[...] por um sacudir/ de folhagens o vento indica/ que qualquer/ pouco é quase tudo/ – abençoada esta/ falência este desfalque/ esta dissolução". As coisas do mundo (o sol de inverno, um sacudir de folhagens) protagonizam os versos, importam bem mais do que seus efeitos sobre uma sensibilidade poética.

A ideia de "não-eu" nos versos de Adriana Lisboa apresenta, em última instância, afinidades eletivas, por assim dizer, com os conceitos complexos das "três marcas da existência" do budismo – duas das quais nos interessam especificamente, aqui: "não-eu" (a subjetividade que só existe como soma de todas as coisas do universo) e "impermanência". O "não-eu", para o budismo, é uma possibilidade de integração do ser com o universo. Lembramos ainda, nesta clave, o conceito de *uji,* ou "ser-tempo", elaborado no século XIII por Eihei Dogen, o reverenciado mestre zen japonês, que reza que todas as coisas são momentâneas e existem no fluxo de se tornar e se desfazer. Numa dimensão mais psicológica e menos universal, o "não-eu" também comparece em *Deriva* como uma retirada do ego, uma partida, um desapego do "cais úmido e ínfimo do eu", parodiando aqui o belo verso de Paulo Henriques Britto em "Macau".

A tematização do *nada* como plenitude no poema "O louco" (arcano de número zero no jogo de tarô) nos remete a uma experiência de um "não eu" em idas e vindas constantes e não racionais: "Nada/ na vida/ mais plano/ mais pleno/ que este/ nada/ o zero entendido pela primeira vez/ pelo maia – ou terá sido/ pelo babilônio ou pelo hindu?/ (Não importa: ando pelo mundo sóbrio/ de tão bêbado)/ nada espaço círculo/ plenilúnio onde cabe tudo/ e onde/ não falta nada/ a ventura deste ir e vir/ nada mais/ nada vezes nada". No centro do poema, um parêntese para a observação de um eu que se vê no extremo da não razão (de tão bêbado, não eu), no zero absoluto da razão, este que acaba por se tornar sobriedade. O nada acima do parêntese (desse jogo eu/não eu) e o nada abaixo do parêntese. O parêntese (eu/ não eu) atua como um elemento de ligação entre dois zeros, como um nó entre dois nadas, o que remete ao princípio da rede descrita por Guimarães Rosa em Tutameia: "rede é uma porção de buracos, amarrados com barbante". A imagem dessa rede talvez seja válida para que possamos entender a hipotrofia da subjetividade (como pontos ou nós) em poemas que *querem dizer*. Afirma Philippe Lacoue-Labarthe em *Poetry as Experience* (Lacoue-Labarthe, 1999, p. 20):

> um poema quer dizer; com efeito, ele não é outra coisa que não um puro querer-dizer (wanting-to-say). Mas puro querer-dizer, o nada

(nothing, nothingness), contra o qual e através do qual há presença, o que é. E como o nada é inacessível ao querer, o querer do poema colapsa como tal [...] então *nada* se deixa dizer, a coisa em si, e se deixa dizer no e através do homem que se acerca do nada apesar de si mesmo, recebe-o [o nada] como o que não pode ser recebido, e a ele se submete. Aceita-o, tremendo de medo de ser recusado; tal estranho, efêmero e fugaz "ser" como o significado do que é.

Em *Deriva*, "Enunciar o mundo" é um poema – com praticamente todos os verbos no infinitivo – que quer-dizer e diz: "[...] firmar/ contrato com o lume de um instante/ este instante/ (passado a limpo)/ medir com os teus olhos/ o desvio dos meus versos/ o traçado dos meus passos/ despir-te da minha pele/ em dias de calor/ e enunciar o mundo". Nos versos, ressoa o pacto de Riobaldo com o Demo, de *Grande Sertão* de Rosa. A impossibilidade de pegar a coisa em si, no imediato dela – o lume do instante/ este instante – faz com que este seja (passado a limpo), como o poema indica sutilmente entre os parênteses. O objetivo é enunciar, manifestar o mundo, o que só parece possível com a mínima interferência do sujeito poético, aquele que se sujeita, que tem como projeto a busca do não-eu, ainda que essa busca implique o pacto eu-e-tu.

Conforme argumenta Lacoue-Labarthe, uma vez que a experiência marca a ausência daquilo que é "vivido", essa seria a razão, estritamente falando, pela qual podemos falar de uma "existência poética", mas não de uma "experiência poética", "supondo que a existência é o que às vezes coloca buracos na vida, arrancando-a [a vida] para nos colocar ao lado de nós mesmos" (idem, p. 20).

O silêncio e o jazz (e aqui destaca-se a ideia de improviso) são temas igualmente de grande interesse nessa poesia. Em *Pequena Música*, poemário de Adriana Lisboa anterior a *Deriva*, há dois poemas inspirados em John Cage, e, neste livro, além do "Quarteto extraído do *Autobiographical Statement* de John Cage", há "Mais dois poemas com John Cage", sendo um deles sobre o aplicativo chamado

4'33"(quatro minutos e trinta e três segundos), onde pessoas do mundo todo compartilham "silêncios" nos moldes formais da revolucionária composição 4'33" (que consiste em "silêncio"), em três movimentos, de Cage. Essa composição musical vem mostrar que o silêncio na verdade é um não-silêncio, é um conjunto de ruídos não programados. A impossibilidade do silêncio não deixa de ser a afirmação do som, e, nos poemas de *Deriva*, a afirmação do som (da voz poética que joga com presença e ausência da instância subjetiva) configura-se como o princípio da vida, como podemos ler em "Inaction Is an Action": "Vem a melodia e passa/ o que é ruído e o que não? [...] tenho todos os truques (solos) sob/ as pontas dos dedos/ mas se você aguçar os sentidos/ perceberá que é assim que /se cria o mundo: tendo o som/ como princípio (e no princípio era som)".

Raquel Abi-Sâmara é professora de Escrita Criativa e Educação Criativa na Pós-Graduação Lato Sensu da PUC-Minas/IEC, doutora em Literatura Comparada pela Uerj e tradutora de literatura alemã.

SOBRE A AUTORA

Adriana Lisboa nasceu no Rio de Janeiro em 1970. Estudou música e literatura. Publicou, entre outros livros, os romances *Sinfonia em branco* (Prêmio José Saramago); *Um beijo de colombina*; *Rakushisha*; *Azul corvo* (um dos livros do ano do jornal inglês *The Independent*); *Hanói*; a coletânea de contos *O sucesso* e os poemas de *Parte da paisagem* e *Pequena música* (menção honrosa – Prêmio Casa de las Américas). Também publicou obras para crianças, entre as quais *Língua de trapos* (Prêmio de Autor Revelação da Fundação Nacional do Livro Infantil e Juvenil) e *Um rei sem majestade*. Seus livros foram traduzidos em mais de vinte países. Seus poemas e contos saíram em revistas como *Modern Poetry in Translation*, *Granta* e *Asymptote*.

www.adrianalisboa.com

© 2019 by Adriana Lisboa
© Relicário Edições

CIP -Brasil Catalogação-na-Fonte | Sindicato Nacional dos Editores de Livro, RJ

L769d
Lisboa, Adriana
  Deriva / Adriana Lisboa. - Belo Horizonte, MG : Relicário, 2019.
  80 p. : il. ; 13cm x 19cm

  Inclui índice.
  ISBN: 978-85-66786-92-7

  1. Literatura brasileira. 2. Poesia. I. Título.

  2019-840
                                        CDD 869.1
                                        CDU 821.134.3(81)-1

COORDENAÇÃO EDITORIAL Maíra Nassif Passos
PROJETO GRÁFICO & DIAGRAMAÇÃO Ana C. Bahia
FOTOS (CAPA E MIOLO) David Lupton
REVISÃO Lucas Morais

RELICÁRIO EDIÇÕES
Rua Machado, 155 - Casa 1 | Bairro Floresta | Belo Horizonte, MG, Brasil
relicarioedicoes.com | contato@relicarioedicoes.com

1ª edição [2019]

Esta obra foi composta em Ideal Sans
e Tungsten sobre papel Pólen Bold 90 g/m²
para a Relicário Edições.